Maria Ivana Ugolini

ELEMENTI DI TERAPIA TEATRALE

Completato da esperienze durante la pandemia da COVID-19

Maria Ivana Ugolini, *Elementi di terapia teatrale*
© Copyright 2017 Maria Ivana Ugolini
Prima edizione pubblicata dall'autrice | *aprile 2018*
Seconda edizione pubblicata dall'autrice | *febbraio 2023*

ISBN 979-12-21462-34-0

Impaginazione libro | *Luca Ugolini*

Immagine di copertina | *"senza titolo"* di *Paolo Ugolini*

"Quant el merl canta in tla cerqua nera
te saluto padron
è primavera" *

Detto popolare italiano

SOPRAVVIVERE

Quando siamo così scossi da eventi che ci sorpassano e non abbiamo più parole, cosa possiamo fare? Come sottolineava Jerzy Grotowski (1) la mancanza di parole ci fa erompere in grida e pianti, spinge le nostre gambe a fuggire, le braccia e le mani a gesticolare in modo disordinato.

O, ancora peggio, ci può rendere pietrificati, congelati.

Tuttavia, dal momento che noi esseri umani non siamo mai del tutto inarticolati, se non da morti, verrà il momento in cui un impulso romperà la barriera del silenzio ed il corpo inizierà a muoversi, la voce a uscire.

Gli strumenti che ci dà il teatro possono aiutarci a strutturare il movimento e trasformare in canto il suono scomposto che esce da noi.

Entriamo così in uno spazio che è quello teatrale, uno spazio reale e simbolico, muovendoci all'interno del quale possiamo provare a sopravvivere anche in condizioni difficili.

Alle origini del teatro, nel teatro greco, erano messe in scena rappresentazioni danzate e cantate, solo in un secondo momento è subentrato il teatro di prosa, la danza e il canto danno una forma alle nostre emozioni primordiali, quando non abbiamo più o non ancora le parole.

Le parole mancavano ormai a molti di noi, giovani degli anni Settanta, immersi in un clima sociale complesso, e forse anche per questo l'esperienza parateatrale messa in campo da Jerzy Grotowski e dal suo gruppo del Teatr Laboratorium, ha aiutato alcuni di noi, almeno per un periodo, a sopravvivere.

Il parateatro era qualcosa di vicino al teatro, non esercitato da professionisti, ma da piccoli gruppi di giovani, vincolati a progetti come "Il Teatro delle sorgenti" e "L'Albero delle genti", era un'esperienza totalmente coinvolgente, con regole ben precise che rendevano possibile, mediante training fisico e improvvisazioni spontanee, l'emersione e la strutturazione di contenuti individuali e collettivi, profondi, molto inconsci e la loro messa in scena, con esclusione però della comunicazione verbale e dell'analisi razionale dei contenuti emersi, in una fusione del ruolo di attori e spettatori.

Il parateatro è stato la mia passione per parecchio tempo, erano gli anni in cui studiavo Medicina e svolgevo la mia formazione psicoterapeutica, così da poter confrontare via via i miei vissuti durante gli stages parateatrali e i miei sogni. Attraverso questo lavoro di comparazione e di ricerca interiore ero arrivata a percepire la possibilità di dare vita a piccoli spettacoli teatrali tenendo conto dei contenuti emersi durante il lavoro parateatrale e nei sogni individuali, includendo di nuovo anche il linguaggio verbale e una riflessione approfondita sui temi emersi. Ne avevo parlato durante un colloquio personale con Ryszard Cieslak (2) e lui era d'accordo.

Questo esperimento si è purtroppo interrotto per mancanza di finanziamenti, io ho terminato gli studi di Medicina e la formazione di psicoterapia, mi sono trasferita a Zurigo e per molti anni ho considerato quell'esperienza, tanto amata, conclusa.

Nel 1998 trovandomi a sostenere pazienti travolti da radicali cambiamenti affettivi e lavorativi improvvisi con cui un lavoro psicoterapeutico centrato sulla parola non era più sufficiente, ho provato a utilizzare con loro anche strumenti di lavoro con la voce e con il corpo appresi durante l'esperienza parateatrale, ne ho constatato l'efficacia e li ho proposti sia all'interno della terapia individuale che in Seminari in piccoli gruppi.

Così è stato possibile aver accesso a parti molto inconsce, strutturandole e integrandole nel lavoro psicoterapeutico, in modo tale che la persona in terapia sentisse di avere di nuovo "voce in capitolo", di avere maggiore possibilità di difendersi, di muoversi più consapevolmente, di scegliere, di non essere più vittima delle circostanze, in breve di sopravvivere ad eventi, circostanze e dinamiche molto distruttive.

Agli esercizi parateatrali ne ho aggiunti altri insegnatimi da Paul Haizmann, docente della Schauspielakademie di Zurigo e altri ancora sviluppati da me, come l'"Accorporazione" e la "Danza a specchio".

Questi nuovi strumenti hanno aggiunto al mio lavoro terapeutico non solo la possibilità di stimolare risorse di consapevolezza e rinnovata capacità di agire in prima persona, ma anche gioia e piacere di vivere, piacere di stare assieme agli altri, in un reciproco rafforzamento dell'autostima, della resilienza e quindi del desiderio di continuare a giocare, per quanto drammatico e tragicomico possa essere a volte, il gioco della vita.

Si può fermare una rondine, ma non si può arrestare la primavera....

Durante tutta la mia attività terapeutica non ho mai smesso di cercare strumenti terapeutici ulteriori per aiutare i pazienti, e quindi anche me stessa, in momenti particolarmente difficili. Non perché gli strumenti di cui ero già in possesso grazie ad una lunghissima formazione e pratica non fossero validi, ma perché in certe situazioni risultavano insufficienti e quindi richiedevano di essere integrati e ampliati con dei nuovi.

Il mio è stato così, in parte, un lavoro di stampo pionieristico, iniziato a metà degli anni '90, convalidato da risultati terapeutici e regolari supervisioni e intravisioni. Ho condiviso ciò che stavo elaborando in primis con Gaetano Benedetti (3), che verificava con interesse ed entusiasmo i miei risultati, in un periodo in cui la terapia artistica era ancora un po' la Cenerentola delle cure psichiatriche e psicoterapeutiche, le sedute fatte con lui in questo senso sono state particolarmente preziose, mi hanno dato fiducia e stimoli fondamentali per una riflessione via via più approfondita.

Ad un certo punto perciò ho fatto mio questo motto:
"si può fermare una rondine, ma non si può arrestare la primavera".
Durante il percorso mi ha fatto compagnia un piccolo monile raffigurante una rondine, da portare al collo con una catenella. E, infatti, la primavera è arrivata: nel corso degli anni la terapia artistica, che comprende anche la terapia con la danza e con il teatro all'interno delle quali ho elaborato alcuni miei specifici strumenti, in campo psichiatrico si è sempre più affermata ed è oggigiorno praticata da un numero sempre maggiore di terapeuti.
Nell'agosto di quest'anno 2016, dopo avere passato l'estate in una zona molto vicina al terribile sisma del 24.8 e averne percepita la dimensione drammatica per

tanti esseri umani, dopo aver riflettuto sulle mie pubblicazioni, ho sognato che in basso, sulla copertina di ogni mio libro, avrebbe dovuto esserci l'immagine di una rondine. E così ho fatto, per la prima volta nella versione cartacea del mio "La Crociata degli innocenti" e continuando nella copertina di questo libro. Per quanto si possa fare per fermare una rondine che, come dice un altro proverbio, non fa primavera, la primavera arriva comunque inesorabilmente, portando con sé un nuovo inizio, una nuova speranza di vita.

Sia la terapia con la danza che la terapia teatrale, nelle loro tante e diverse modalità, hanno una lunga storia, di cui sono obbligata a saltare l'esposizione per mancanza di tempo, io ho aggiunto solo un piccolo tassello e in questo scritto mi limiterò esclusivamente ad illustrare gli strumenti che ho sviluppato da metà degli Anni Novanta e comprendenti:

LA DANZA A SPECCHIO

L'ACCORPORAZIONE
LA RICERCA DI UN PERSONAGGIO PERSONALE

IL LAVORO DI GRUPPO CON I PERSONAGGI TROVATI, LA TRAMA, LA MESSA IN SCENA, LA COMPRENSIONE DEL MESSAGGIO INDIVIDUALE E COLLETTIVO RISULTANTE DALLA MESSA IN SCENA.

E il loro effetto terapeutico.

ELEMENTI DI TERAPIA TEATRALE

Da bambina, verso i tre-quattro anni, mentre la mamma faceva le faccende, giocavo in cucina con dei piccoli fazzoletti colorati di chiffon, - rosso, arancio, giallo – che lei mi aveva dato, inventavo delle coreografie e danzavo. Immaginavo un corpo di ballo, due file affiancate di danzatrici, ognuna con uno chiffon in mano che faceva ondeggiare ritmicamente, in sintonia con le altre. Poi mostravo la danza a mia madre, chiedendo un suo parere, lei si diceva soddisfatta e continuava le sue faccende mentre io continuavo a danzare col mio corpo di ballo. Mi sono meravigliata nel vedere nel film "Mr. Gaga" (4) il coreografo bambino che danza con uno chiffon legato ad un bastone, perché non mi è mai più capitato di vedere bambini giocare così. A volte è sufficiente un semplice elemento, un accessorio, per dare vita spontaneamente ad una situazione di messa in scena, ad un piccolo spettacolo: la capacità teatrale è innata e si esprime in modo naturale fin dall'inizio della vita nel gioco, nel "facciamo finta che". Diventando adulti questa dimensione del gioco permane in altre forme ma può anche scomparire, nei periodi troppo bui e faticosi della vita. Occorre perciò riattivarla e la terapia teatrale offre qualche strumento utile in questo senso. Sia in francese sia in inglese si traduce il verbo recitare con il verbo giocare, certamente il teatro è uno dei giochi più potenti che l'umanità abbia messo in campo per prendere coscienza di tante cose, divertendosi seriamente.

Personalmente ho continuato il gioco infantile con i fazzolettini di chiffon nel mio specifico lavoro di terapia teatrale, sia individuale sia di gruppo, attraverso strumenti come la Danza a specchio, l'Accorporazione, l'estrazione di Personaggi e la loro connessione in una trama.

Basta poco, ed è un gioco e anche se si mette in scena una tragedia prima o dopo gli attori ridono, si rilassano, si conoscono, vanno avanti assieme per un tratto. La terapia teatrale in un piccolo gruppo fa circolare l'energia, stimola nuove idee, cura un po' la solitudine.

La terapia teatrale da sola con la terapeuta dà nuovi suggerimenti su come affrontare un problema e fa sbocciare un'immagine comune che può portare avanti il processo terapeutico quando sembra che tutto sia bloccato.

THEATRE IN PROGRESS

Theatre in Progress: ho dato questo nome ai miei workshop durante i quali si lavora assieme due giorni, dalle 10 alle 18. Per partecipare al lavoro di gruppo bisogna essere in uno stato già abbastanza risolto, sufficientemente centrati, ma desiderosi di capire un po' di più la propria situazione e di trovare strumenti per risolverla al meglio, collocandola anche in un'ottica collettiva. Occorre essere in uno stato sobrio, sono quindi del tutto bandite droghe e alcool.

Il numero massimo di partecipanti è 12, il minimo 2.

La pausa di un'ora a pranzo fa parte del lavoro.

Si è tenuti a rispettare la riservatezza rispetto alle informazioni sui partecipanti che emergono durante il lavoro assieme.

Primo giorno:

1) La guida propone alcuni esercizi di rilassamento e consapevolezza corporea.
2) La guida propone uno scandaglio interiore dei propri sentimenti attuali.
3) La guida propone un esercizio per trovare il proprio personaggio a partire dai sentimenti negativi legati spesso ad una specifica situazione.
4) Si condividono i personaggi emersi e se si è, come spesso accade, in un giardino, si cerca anche un fiore che ci ispiri, a partire dallo stato d'animo negativo.
5) Pausa pranzo: Ci si rilassa, si condivide il pranzo, ma non si parla di quanto è emerso durante il lavoro.
6) La guida propone esercizi in movimento, tra cui la Danza a specchio.

7) La guida propone un esercizio di Accorporazione: si entra con l'altro in un viaggio "attraverso la notte verso la fine della notte" per trovare ciò che ci porta avanti, ci sblocca, smuove in noi l'energia vitale e la speranza.

8) Ci si separa fino al giorno dopo, ci si saluta, ricevendo dalla guida l'indicazione a trascrivere i sogni eventuali fatti durante la notte che verrà.

Secondo giorno:

1) Ci si saluta, questa volta ci si trova in un Atelier, al chiuso, e si racconta un po' come ci si sente, quale sogno eventualmente si è fatto. NON c'è l'obbligo di condividere, raccontare, parlare di sé, lo si fa soltanto se ci se la sente.

2) Si prendono in considerazione i personaggi emersi, le immagini sbocciate dal movimento, dalla Danza a specchio, dalle Accorporazioni, dagli esercizi di visualizzazione e rilassamento, dai sogni della notte precedente. NON si critica né analizza. Si accetta il materiale così com'è.

3) Pausa pranzo

4) La guida propone di nuovo un esercizio di visualizzazione in uno stato di rilassamento in cui ognuna possa far emergere nello spazio interiore i personaggi scaturiti dal lavoro del giorno precedente e vedere quale trama si compone, spontaneamente, attraverso la loro interazione.

5) La trama, il plot, visualizzato, viene scritto da ognuna e raccontato alle altre. Tutti i fogli con i plot vengono piegati e messi in un vassoio e una partecipante ne estrae uno a caso. Il plot estratto viene messo in scena. I personaggi vengono distribuiti a sorte.

6) Se il gruppo è numeroso, si mettono in scena due plot, i partecipanti a turno sono attori e spettatori. La guida in questa fase ha l'unico ruolo di spettatrice.

7) Finito lo spettacolo, si condividono i vissuti, le impressioni, si riflette sul tipo di messaggio, individuale e collettivo che sembra essere emerso.

8) Ognuna, ognuno comunica, se lo desidera, quale messaggio porta a casa con sé come risultato del lavoro fatto assieme.

P.S.: a) preferisco utilizzare in questo contesto il termine lavoro e non gioco, perchè si tratta di un gioco serio in cui occorre impegnarsi, di un lavoro creativo.
b) utilizzo in forma mista i maschili e i femminili, tuttavia ovviamente faccio riferimento sempre ad entrambi i generi.

LA DANZA A SPECCHIO

Stavo lavorando terapeuticamente con una giovane paziente, un'artista, che aveva avuto sporadici episodi psicotici durante l'esecuzione della sua opera, in un periodo in cui era molto sotto pressione perché doveva consegnarla entro un certo termine di tempo. Chiamiamo Elisa questa persona che si era bloccata a causa di alcuni episodi psicotici sopravvenuti quando meno se l'aspettava, senza segnali premonitori, in corso d'opera, traumatizzandola. D'altra parte Elisa per motivi di sopravvivenza economica, doveva assolutamente portare a termine il lavoro, quasi finito.

Eravamo riuscite ad ottenere dai committenti una dilazione temporale, ma la situazione sembrava senza via d'uscita.

E' in questo contesto che ho avuto l'intuizione decisiva di iniziare con lei a "Danzare a Specchio", cioè, postami di fronte a lei, ad eseguire a specchio un movimento, un gesto, suo o mio e poi a ripeterlo, amplificarlo, variarlo, una di fronte all'altra e anche muovendoci ognuna per conto proprio, liberamente, tenendo però sempre presente, come punto di riferimento, il movimento dell'altra per modificarlo, integrarlo, eventualmente, nel proprio movimento. Come suggerimento ulteriore per movenze e gesti, posture, posizioni delle mani, espressione del viso da cui lasciarsi ispirare e a cui tornare nei momenti di disorientamento ho posto qua e là, visibili, nella stanza, immagini di quadri del Rinascimento e di danze popolari di tutto il mondo.

In quel periodo stavo facendo supervisioni con Gaetano Benedetti (3), il quale, da subito, mi ha incoraggiato. Infatti, tutto il suo lavoro terapeutico clinico e teorico si basa sulla speciale forma di empatia che si sviluppa nel rapporto duale paziente-terapeuta, utilizzando strumenti di comunicazione sia verbali sia preverbali, cioè artistici. Cosi ho continuato con Elisa a danzare a specchio, constatando assieme a lei dei piccolissimi, ma estremamente preziosi, passi avanti. Un po' di tempo dopo mi è capitato di vedere un film di Pedro Almodovar "Habla con ella" in cui era presente una sequenza di danza a specchio tra Pina Bausch e un'altra danzatrice. Mi sono commossa, perché le protagoniste del film sono una giovane danzatrice e una donna torero, entrambe in coma, e in qualche modo questa danza a specchio tra Pina Bausch e l'altra danzatrice sembrava, nella mia percezione, creare un legame materno positivo e incoraggiante che favoriva il risveglio alla vita. La visione di questo film e di questa specifica sequenza di danza nel film ha costituito per me una coincidenza significativa che mi ha spinto ad andare avanti nella ricerca e pratica terapeutica concernenti la Danza Specchio.

Una decina d'anni dopo, a sostegno di quanto andavo man mano verificando a proposito dell'effetto terapeutico della Danza a Specchio, è emerso sul piano scientifico il ruolo chiave dei neuroni a specchio nell'apprendimento umano.

Tuttavia un periodo ancora più buio doveva farsi strada dentro Elisa e quindi creare un nuovo, apparentemente insormontabile, blocco creativo che metteva in gioco tutta la sua attività professionale. E la Danza a Specchio non bastava più.

ACCORPORAZIONE

Un viaggio di notte verso la fine della notte

C'era il buio dentro Elisa, dentro di me in rapporto a lei, nella psicoterapia che non procedeva. Attraverso il colloquio terapeutico, il lavoro con i sogni, l'analisi del rapporto tra noi due, la floriterapia e la Danza a Specchio eravamo però riuscite ad individuare con precisione che il blocco riguardava la sua non accettazione di una femminilità profonda che conviveva in lei con un lato maschile altrettanto forte, necessario quanto la prima alla creazione. Elisa aveva un rapporto con la madre particolarmente contrastato e caratterizzato da forti carenze sul piano dell'accudimento affettivo nell'infanzia.

Di fronte a questa difficoltà di gestione delle sue energie l'aveva inaspettatamente messa e continuava a metterla proprio l'opera che stava componendo: per un po'

andava, ma poi la lotta tra i due lati femminile e maschile riprendeva talmente po-
tentemente dentro di lei da far vacillare la sua identità, l'Io non riusciva a gestire la
situazione, rischiava la dissociazione e la scissione.

Attraverso il delirio Elisa esprimeva inoltre un bisogno profondo di regressione,
comprensibile all'interno del suo tipo di rapporto infantile con la madre.

Non c'è quindi da meravigliarsi se Elisa, per salvaguardare se stessa, preferisse
non creare più.

La terapia farmacologica antipsicotica non era stata di aiuto in questo senso.
Certo, Elisa avrebbe potuto cambiare professione, essendo ancora giovane, di
questo ormai parlavamo, e rassegnarsi a non consegnare l'opera perdendo i soldi
che le spettavano per la gran parte del lavoro già svolto e pagando una penale. Ma
cosa avrebbe potuto fare d'altro? Non ne aveva idea, tutta la sua formazione si era
svolta in campo artistico e aveva alle spalle una famiglia che non poteva sostenerla
economicamente.

Mi sentivo davvero con lei in un viaggio attraverso la notte, una notte senza luci e
punti di riferimento, senza alcuna candela accesa con cui avanzare, senza luna né
stelle, la sofferenza condivisa empaticamente era molto forte e l'alba sembrava non
arrivare mai.

Proprio per questo una mattina, riflettendo sulla situazione e cercando da sola
nuovi gesti di danza da proporle la seduta seguente, mi sono detta: basta. Non fare
niente, resta immobile e percepisci fino in fondo il buio disperato in cui ti trovi
con lei. Resta immobile e calati in questo buio finché, eventualmente, non emerge
un gesto.

In effetti, dopo non so quanto tempo d'immobilità in piedi, un gesto è emerso, e
aveva a che fare con il muovermi in modo molto femminile, sensuale.

Sono rimasta sorpresa e ho annotato tutto. Ma ancora più sorpresa son rimasta
quando la seduta seguente Elisa mi ha raccontato che ad un certo punto, durante
la settimana, sola in casa e disperata, ha iniziato a muoversi in maniera sensuale,

molto femminile e s'è sentita sbloccata, viva, finalmente, senza timore rispetto al riprendere e finire il lavoro alla sua opera. E le movenze che mi ha mostrato erano uguali a quelle che avevo trovato io! Veramente stupefacente, per entrambe.

Ne ho parlato con lei, ho dato il nome a questo esercizio di "Accorporazione", son corsa a fare una supervisione da Benedetti (3) che è rimasto altrettanto colpito e mi ha detto:- la Sua Accorporazione è come la mia Appersonazione! Magnifica questa terapia con la terapeuta danzante, accorporante! Continui così! –

E così ho continuato, con Elisa e con altri pazienti, registrando dei progressi e a volte anche la remissione di sintomi psicotici allo stadio iniziale o, in alcuni casi, particolarmente resistenti.

L'Accorporazione è uno strumento utile non solo nei casi di psicosi, ma anche in tutti i tipi di sofferenza psichica dovuti al complesso svolgimento dell'esistenza sia a livello individuale, come dinamica interiore, sia in rapporto all'ambiente affettivo, lavorativo, sociale, in cui siamo immersi tutti.

L'Accorporazione può essere fatta dalla terapeuta in solitudine, quando percepisce un ristagno doloroso nella terapia, e molto spesso, com'è accaduto con la mia prima Accorporazione con Elisa, le energie si sbloccano a distanza, sincronisticamente, può essere anche, a scelta, mostrata alla paziente in un secondo momento e diventare la base per uno scambio ed un'ulteriore elaborazione fatta assieme, sia preverbale sia verbale.

L'Accorporazione può anche essere fatta in coppia durante la seduta terapeutica, in genere ponendosi in piedi, immobili, una di fronte all'altra restando così finché non emerge un movimento, un gesto, che può svilupparsi in una sequenza di Danza a Specchio e più tardi, attraverso associazioni sia sotto forma d'immagini sia verbali, compreso nel suo significato simbolico e quindi integrato a livello emotivo e cognitivo e ampliato via via con variazioni del movimento e l'introduzione di nuovi simboli. Così si apre una strada, il viaggio di notte va verso la fine della notte, e, come mi ha suggerito, citando Confucio, il mio collega Arie Keter durante un'intravisione, si accende una candela piuttosto che maledire il buio. Una candela accesa nel buio più pesto è già di grandissimo aiuto per continuare ad andare avanti, capire la direzione, discernere gli ostacoli, ridare vita alla speranza...

L'effetto terapeutico, più in generale benefico, sia della Danza a Specchio sia dell'Accorporazione ritengo sia dovuto in gran parte ad una condivisione profondamente empatica tra paziente e terapeuta e ad un agire calato nel corpo che permette una ristrutturazione in positivo di ambiti psichici feriti, problematici, bloccati da conflitti apparentemente irrisolvibili, traumatizzati e quindi congelati.

L'Accorporazione è entrata a far parte integrante sia del mio strumentario terapeutico sia degli esercizi che propongo a volte ai partecipanti ai miei Workshop di "Theatre in Progress", in modo che possano entrare in un contatto empatico più profondo tra di loro ed a trovare nuovi gesti, movenze, e quindi soluzioni proprio a partire dai punti interiori più sofferenti e bloccati attivando cosi nuove risorse.

Sia la Danza a Specchio che l'Accorporazione fanno parte della Terapia Teatrale dal momento che aprono la strada al flusso energetico e all'interazione positiva rendendo in questo modo anche molto più semplice la ricerca di un personaggio proprio, interagente con gli altri, compagno di strada e possibile guida verso nuove e più adeguate modalità di gestione degli snodi difficili della propria vita.

I LINGUAGGI MUTOLI

"Che cos'è la poesia
  se non un manto dorato che sfugge a tutte le stagioni
  E il Re che a sé lo solleva
  è senza voce"

Un grande ricercatore nel campo della – mente seppellita nel corpo – è stato Giambattista Vico (5). Secondo il Vico – il linguaggio sorge naturalmente, nella prima forma di esso, gli uomini si spiegarono "con atti muti" ossia solo per cenni e "con corpi aventi naturali rapporti alle idee che volevano significare", ossia per oggetti simbolici. (5)

Il Vico esplora i principi della poesia e vi – ritrova non solamente l'origine delle lingue, ma anche quella delle lettere o scritture, dichiarando errore di grammatici la separazione fatta tra le due origini, che sono congiunte per natura e che come tutt'una cosa si presentano NELLA LINGUA PRIMITIVA MUTOLA, PER CENNI E PER OGGETTI.-

Ritengo l'ACCORPORAZIONE UNA SPECIE DI POESIA INCARNATA linguaggio, favola, pittura (5) espressa col corpo nel momento in cui il linguaggio razionale è completamente assente. L'ACCORPORAZIONE E' UN LINGUAGGIO MUTOLO.

Come la poesia, l'Accorporazione "ANIMA L'INANIMATO", "RENDE L'IMPOSSIBILE CREDIBILE" (5).

Quando tutte le parole sono azzerate, per poterci esprimere e quindi mobilitare energie che ci rafforzino, che ci spingano a vivere, che stimolino in noi le forze della resilienza, possiamo tentare di aprire un varco alla nostra mente seppellita nel corpo per permetterle di esprimersi in musica, in poesia, in danza, in pittura e, anche, in accorporazioni.

ACCORPORAZIONE E YOGA NIDRA

Terapeute e terapeuti desiderosi di utilizzare l'Accorporazione come strumento terapeutico possono imbattersi, loro malgrado, in resistenze interiori difficili da comprendere e ancora di più da sormontare.

Durante un'intravisione Gaetano Benedetti mi ha suggerito l'ipotesi che queste resistenze siano dovute alla paura dell'imprevedibile, del ritrovarsi in un luogo/ stato d'animo senza punti di riferimento.

Praticando yoga presso la YOGA SCHULE CITY di Pius Meier e Carlos Correia di Zurigo sono venuta a conoscenza ed ho iniziato a praticare lo Yoga Nidra.

Lo Yoga Nidra è un esercizio di rilassamento che può essere praticato da chiunque, il cui effetto va oltre il rilassamento che conosciamo e che ci permette di entrare consapevolmente in quello "stato Alfa" che abitualmente sperimentiamo nella fase di transito tra la veglia ed il sonno.

L'esercizio si svolge attraverso queste fasi:

1) Preparazione: Shavasana
   è la –posizione della morte- cioè il corpo è disteso, immobile. In questa posizione siamo attenti a percepire il corpo, il respiro, i rumori ambientali.

2) Sankalpa:
   in sanscrito significa proponimento, decisione o linguaggio della verità.
   Si tratta di una breve frase, formulata in modo semplice e chiaro, utile ad indirizzare la personalità verso uno scopo positivo.

3) Rotazione della percezione attraverso il corpo:
   per mezzo di una sequenza strutturata e sempre uguale si prende coscienza
   delle varie parti del corpo.

4) Coppie di opposti:
   vengono evocate percezioni opposte, ad esempio pesantezza e leggerezza,
   caldo e freddo.

5) Visualizzazione:
   vengono fatte emergere in una serie rapida e ripetitiva delle immagini, senza
   giudicarle.

6) Viene ripetuto il Sankalpa.

7) Chiusura:
   ritorno guidato in modo sistematico al mondo esteriore.

L'Esercizio di Yoga Nidra dura in tutto 30 minuti ed ha un effetto rigenerativo corrispondente al sonno di 2 ore.

In generale permette di rilassarsi rispetto allo stress quotidiano, rinnova spirito, corpo e anima, sostiene la creatività, rafforza il sistema immunitario e, dopo un certo tempo, scioglie anche paure profonde e dà ulteriori strumenti di conoscenza di se stessi.

Dopo un esercizio di Yoga Nidra provare a fare un'Accorporazione può essere più semplice, nel caso di una/un terapeuta che percepisse delle ostinate resistenze interiori, dal momento che gran parte delle resistenze è già stata sciolta dall'esercizio e l'energia fluisce senza intoppi individuando spontaneamente chiari punti di riferimento. Qualora le resistenze restassero comunque pesantemente presenti vanno ovviamente rispettate.

EURIDICE

La "Fabula di Orfeo", composta da Agnolo Poliziano tra il 1478 e il 1483, è la prima opera teatrale di tema profano e racconta il mito di Orfeo seguendo "Le Georgiche" di Virgilio e "Le Metamorfosi" di Ovidio.

Forse non è un caso che la prima opera teatrale non religiosa riguardi proprio il mito di Orfeo che scende agli Inferi per cercare l'amata moglie Euridice e ricondurla con sé nel mondo dei vivi, dal momento che attraverso il teatro – e la terapia teatrale – si parte in fondo alla ricerca di Euridice, di una parte perduta, assente dalla vita cosciente, per portarla o riportarla alla luce SENZA MAI VOLTARSI INDIETRO, pena il perderla per sempre, come purtroppo succede ad Orfeo che, contrariamente a quanto gli era stato indicato di fare, non resiste alla tentazione di girarsi per vedere Euridice che lo sta seguendo nel cammino fuori dagli Inferi e così, irrimediabilmente, la perde.

Non voltarsi indietro significa non cercare di illuminarla subito con la ragione, ma avere fiducia nel fatto che ci segua senza essere conosciuta e riconosciuta se non in un secondo momento, dopo che l'abbiamo incarnata ed espressa in parole, gesti, canti, danze: solo allora potremo guardarla direttamente in viso e anche riflettere sul futuro insieme dopo averla finalmente abbracciata e accolta nella nostra vita cosciente.

Euridice è la moglie di Orfeo, è legata strettamente a lui da un forte amore, così come nostre sono le parti perdute di noi, un noi individuale e collettivo, che la terapia teatrale ci permette di integrare.

Scrive Pessoa in "Perché sognare di sogni non miei?" (6): "Queste cose sono sentite nella persona di un altro; sono drammatizzate, ma sono sincere (nel senso forte della parola che io le attribuisco) com'è sincero quello che dice Re Lear, che non è Shakespeare, ma una sua creazione".

In questo modo entriamo in empatia con lati nostri e altrui che altrimenti ci risulterebbero inaccessibili, aumentando la capacità empatica possiamo capire e capirci di più attraverso il sentimento e quindi, contemporaneamente, liberarci dal fardello a volte troppo pesante della nostra esistenza, per trovare soluzioni nuove, inedite, da condividere.

ATTORE, PERSONAGGI, TRAMA, SPAZIO SCENICO, ACCESSORI TEATRALI

METTERSI IN MOTO

Il termine Attore - Attrice, deriva, secondo il dizionario etimologico, da ACTUS, p.p. di AGERE, in latino, cioè mettere in moto, fare andare innanzi, operare, porre in azione (Agire).

Ed è proprio con questo fine che, bloccati da un problema, un trauma, un'ansia, una paura inspiegabile, possiamo, attraverso un piccolo esercizio, cercare dentro di noi un personaggio. Accogliamo - il personaggio che arriva - senza giudicare e proviamo, come attrici e attori improvvisati, a metterci nei suoi panni, a incarnarlo. Questo personaggio, chiunque esso sia, ci mette in moto verso qualcosa, verso qualcuno. Una mamma in conflitto tra chiamare o non chiamare la figlia che da un po' di tempo non si fa sentire, cercando il personaggio attinente a se stessa in quel momento, in quello stato d'animo di ansia e di spinte interiori ambivalenti, nel dubbio tra telefonare per avere informazioni e non essere invadente, vede una donna, se stessa, rannicchiata in posizione fetale, morta, in una bara, incarna questa figura e si sente felice. Lo choc nel vedersi e nel percepirsi così, felice nei panni di una morta, le fa capire di essere totalmente paralizzata dal conflitto e la spinge a chiamare immediatamente la figlia che le risponde tranquilla, sta bene ed è anche contenta di sentirla! Così si mettono d'accordo per andare a cena assieme una delle sere seguenti. E' ovvio che a monte ci sia una situazione complessa, ma spesso proprio in queste situazioni è necessario non solo capire, analizzare, percepire, ma anche AGIRE, per provocare un cambiamento, per mettersi in moto e per ristrutturare in positivo una situazione, un rapporto, o perlomeno il proprio modo di relazionarsi a tutto ciò.

Una volta imparato l'esercizio, che richiede pochissimo tempo, si può fare sempre ed ovunque. In cucina, in spiaggia, nel bosco, ovviamente controllando prima l'ambiente e le presenze umane nell'ambiente. Anche un'Accorporazione si può fare ovunque e in qualsiasi momento, sempre mantenendo le precauzioni suddette, se si vuole aiutare una persona cara per cui si è preoccupati, così ci si mette in moto interiormente e si raggiunge l'altro, aiutando se stesse e l'altra, l'altro, a non restare bloccati in uno stato d'animo distruttivo. E così, nel corso del tempo, ci troviamo con tanti personaggi accanto, è sempre bene registrarli per iscritto e avremo quaderni pieni di personaggi, la nostra personale valigetta medica, alcuni ci aiuteranno al momento del bisogno per tutta la vita, altri saranno solo di passaggio, ma tutti saranno cari al nostro cuore.

Mentre gli attori di una pièce teatrale sono lì per recitare in qualità di professionisti, nella terapia teatrale ogni persona che cerca sollievo ad una sofferenza, vuole risolvere un problema, conoscersi più a fondo a partire da un disagio, diventa attrice e attore in proprio. Trova il suo personaggio e, a partire da questi, tutta una nuova zona di sé, un nuovo campo d'azione, una comprensione che amplia la sua empatia verso se stessa e verso gli altri, una forza di resistenza inedita, in breve: acquista un nuovo e un po' più grande spazio di vita, di creatività, di resilienza.

RUOLO DEI PERSONAGGI

Ne scaturiscono, da tante e diverse persone, di tutti i tipi: belli, brutti, oscuri, allegri, tristi, luminosi, maschili, femminili, androgini, copie di sé, defunti, spiriti e spiritelli, santi, persone famose, animali, figure mitologiche ecc. La loro funzione rispetto alla persona da cui scaturiscono può essere complementare, gemellare, compensatoria, di guida, d'illuminamento di una zona oscura, premonitiva e tanto altro. E' come un sogno: scaturisce dall'inconscio e non si può né si deve giudicare, si deve accogliere e accettare così com'è e vedere quali associazioni mette in moto dentro di noi. Dopodiché, e questo è di centrale importanza, dobbiamo incarnarlo. Va da sé che incarnare figure positive ci possa sembrare più gratificante dall'incarnare figure negative, ma si può anche facilmente immaginare che incarnare una volta un lato oscuro e distruttivo ci possa fare molto bene perché ci libera da tensioni lungamente accumulate e incompatibili con l'immagine positiva di noi stessi e anche con la condotta positiva che giustamente scegliamo consapevolmente di avere. Tutto ciò che vive sulla scena ha un effetto catartico, liberatorio, rispetto alla vita, che sgombrata di tanti e diversi impedimenti emozionali, può scorrere meglio. Incarnare il personaggio significa percepirlo dal di dentro, attraverso i sensi, dargli voce, gesti, pensieri, parole. Tutto questo può portarci molto avanti, può davvero spostare il confine ristretto della nostra percezione di noi stessi, dell'altro e delle reciproche interazioni.

Se si fa un lavoro di gruppo, il nuovo territorio "conquistato" appartiene non solo a quello specifico individuo, ma a tutto il gruppo. Ci si muove assieme e assieme si possono trovare attitudini sostenenti anche rispetto a sconvolgenti effetti futuri: in un mio seminario tenuto due mesi prima dallo tsunami in Thainlandia il risultato del lavoro comune dava proprio una catastrofe naturale, un'inondazione che sarebbe costata la vita a molte persone, rispetto alla quale il raccoglimento in preghiera e in meditazione era la migliore delle risposte. Molto impressionate abbiamo accolto il messaggio, abbiamo concluso il lavoro con una preghiera che inviava luce alle vittime e una meditazione, lontanissime però dall'immaginare che di lì a poco lo tsunami avrebbe inghiottito tante vite. Aver fatto quell'esperienza in anticipo ci ha aiutato anche a reggerla emotivamente e a pregare e meditare nel momento della catastrofe.

SPAZIO SCENICO

Scena deriva etimologicamente dal greco skēnē e indica "un luogo in cui dimorare al coperto, tenda, capanna e indi il tavolato o palco coperto sul quale stavano gli istrioni e più tardi il palco scenico, palco su cui agiscono gli attori (che ai tempi degli istrioni etruschi dev'essere un luogo semplicemente coperto da tenda.)".

Può essere anche un luogo immaginario che costituisce lo sfondo di una rappresentazione teatrale.

Il teatro greco rimase invece sempre una costruzione a cielo aperto.

La terapia teatrale può svolgersi in un ambiente coperto o aperto, studio, atelier, parco, spiaggia, che costituisce lo sfondo scenico della rappresentazione che si va via via formando, ogni personaggio trascina inoltre con se' un ambiente in cui esiste, immaginario, che può venire descritto dettagliatamente e che finisce per sovrapporsi e fondersi con l'ambiente fisico concreto in cui ci si trova.

COSTUMI ED ACCESSORI TEATRALI

I costumi teatrali, abiti indossati dagli attori durante una rappresentazione teatrale, rivestivano anticamente una grande importanza nella caratterizzazione dei personaggi e quindi seguivano una codificazione ben precisa. Nel corso del tempo questa codificazione si è via via modificata, lasciando grandissimi margini di libertà creativa, i costumi teatrali oggigiorno possono venire realizzati seguendo criteri pienamente realistici o del tutto di fantasia o possono essere addirittura assenti, gli attori in questo caso vengono "vestiti" dal loro solo corpo.

All'interno della Terapia Teatrale i costumi sono improvvisati, a partire da stoffe varie e accessori messe a disposizione dei e dai partecipanti.

In tedesco gli accessori teatrali si chiamano Requisiti, parola derivante dal latino requisita che significa necessità, bisogno, e che indica in maniera molto precisa tutti quegli oggetti necessari ad una messa in scena. I primi accessori teatrali di cui si ha conoscenza furono le maschere nel teatro greco antico, che erano sostenute con la mano davanti al viso.

Alcuni di questi accessori sono così importanti da aver dato il titolo ad un'opera, ad esempio il flauto nel " Flauto magico".

Nella Terapia teatrale, assieme ad oggetti scelti tra quelli messi a disposizione per la rappresentazione, rivestono particolare importanza oggetti di speciale valore affettivo che la persona-attore viene esortata a portare con se' fin dall'inizio della ricerca del personaggio. Sono accessori teatrali in un senso più ampio, veri e propri compagni di strada lungo tutto il percorso, punti di riferimento e di conforto affettivi ad esempio una collana particolare, un foulard speciale, una foto, un pelouche, un anello legato ad un evento preciso...

LA TRAMA

La trama, in inglese plot, è l'intreccio, simile a quello dei fili che formano un tessuto, delle vicende che costituiscono l'argomento di un'opera teatrale.

Nella terapia teatrale la trama viene tramata, in senso vero e proprio, dai personaggi stessi emersi dalle persone-attori, che provano a cogliere l'insieme del messaggio e a strutturarlo in monologhi, dialoghi e azioni sceniche per evidenziarne ed integrarne, mettendolo in scena, il significato.

PERSONAGGI GIÀ ESISTENTI

A volte emergono, come personaggi, animali, insetti, piante, che, nel gioco associativo, si ampliano in Personaggi che già conosciamo, o arriviamo a conoscere, perché presenti in opere letterarie, musicali, teatrali. Porto ad esempio: il Re degli Ontani e la Butterfly.

IL RE DEGLI ONTANI

In questa figura mi sono imbattuta scrivendo "La Crociata degli innocenti", come altra faccia di Arlecchino, la sua parte oscura e letale, distruttivamente seduttiva, selvaggia.

Sul Re degli Ontani Goethe ha scritto una famosa ballata, lo scrittore francese Michel Tournier un romanzo uscito nel 1970, che ha conosciuto anche un adattamento cinematografico.

Se il Re degli Ontani emerge come Personaggio in una ragazzina dolce e paziente, sotto forma di un cupo, seducente e aggressivo Arlecchino, con una corona in testa, seduto sotto un albero dalle foglie molto scure, c'è da rimanerne stupiti, così come quando da un'altra bella e buona bambina salta fuori una regina-maga potentissima e terrificante o da un bimbetto serafico un piccolo principe violento e capriccioso e cosi via. Di sicuro lì per lì non ci se lo aspetta, anche se ormai dovremmo sapere molto bene che l'inconscio individuale e collettivo contiene di tutto e che questo tutto può emergere da un momento all'altro sia in singoli individui di qualsiasi età, genere e ceto sociale, sia nelle masse, quando certe pressioni psichiche, economiche, sociali, si fanno molto forti. La storia, anche quella attuale, insegna.

Che fare allora? Se una persona, piccola o grande che sia, è motivata ad andare in terapia e s'impegna, significa che è pronta a confrontarsi, a mano a mano e a seconda dei momenti, con lati poco belli, tormentosi e inquietanti di se stessa, lati che purtroppo sono già entrati nella sua vita, seminando guai. A quel punto entrare in contatto con queste ombre attraverso, ad esempio, dei personaggi, disegnati, incarnati, messi in scena, è un sollievo. Permette di distaccarsene un po', di conoscerli meglio in se stessi e negli altri, di gestirli meglio, di avere un approccio un po' autocritico e autoironico alla propria vita. I bambini sono spesso maestri in questo.

Ci sono inoltre persone, di qualsiasi età e condizione sociale, che, a loro insaputa, veicolano quello che Freud ha chiamato "Il perturbante", cioè qualcosa che nell'ambiente è stato rimosso e che la persona, senza volerlo e senza neppure accorgersene, veicola. Stranamente, in certi contesti, quando questa persona o personcina appare, tutti sembrano sentirsi minacciati e corrono ai ripari, a volte in modi poco gentili. Ecco allora il bambino che sembra un Arlecchino nella sua vivacità sfrenata apparire in un ambiente pieno di freni, repressione, manipolazione e non detto: bambino che tutti si affrettano a punire, limitare, sgridare, giudicare e condannare, aumentandone il potenziale distruttivo e/o autodistruttivo piuttosto che la forza creativa che può manifestare. Molto meglio è per lui incarnare, in un gioco teatrale, per un po', il malvagio Re degli ontani, smascherando così e sottraendo una parte di potere ad alcuni degli adulti che ha intorno, in uno spazio e un tempo circoscritti e adibiti a questo, dormirà forse come un angioletto e, magari, sarà poi l'ambiente attorno a lui a doversi interrogare su di sé.

Anche per gli adulti è la stessa cosa, non c'è nulla di diverso se non ovviamente una maggiore possibilità di analisi e comprensione a livello cognitivo di quanto emerge attraverso la Terapia Teatrale, comprensione importante e preziosa, che permette un'integrazione maggiore e un ampliamento in senso positivo della propria personalità.

In tutti i casi si rafforza la resilienza, cioè la capacità di resistere in condizioni estreme e in ambienti ostici, restando umani.

LA BUTTERFLY

Che cosa fa una farfalla in primavera? Vola. Si posa sui fiori. Si gode la vita, il sole, il polline. Presumibilmente. E che cosa fa una donna in piena crisi perché deve decidere se cambiare religione per sposare l'uomo che ama? Esattamente il contrario della farfalla che sorvola i prati felice: se ne sta cupa a gemere e a tormentarsi, indecisa sul da farsi e solo in questo dibattersi sì, un po' farfallina. Ma è una farfalla ormai imprigionata, molto vicina a decidersi per la conversione, malgrado i dubbi, pur di non perdere il compagno, prossima ad essere fissata per sempre al foglio del collezionatore, priva di libertà. Se questa donna tormentata cercando un suo personaggio trova una farfalla che fa fatica a muovere le sue ali azzurre e, attraverso le associazioni spontanee, amplia questo " personaggio " dalle ali impacciate con quello della Butterfly dell'omonima opera di Giacomo Puccini, molto si può chiarire: Cho Cho San si converte al cristianesimo per amore del suo uomo, taglia così le sue radici, non è più integrata nell'ambiente, perde l'amore, il figlio e la vita.

Ogni caso è individuale e ogni decisone e soluzione davvero meditata lo è, in questo specifico caso la conversione religiosa, suggerisce l'esercizio di Terapia Teatrale, sarebbe oltremodo pericolosa per questa donna: meglio pensarci un po' di più, contrattare col compagno e anche rischiare di perderlo, rischiare di rimanere sola, perché comunque cosa c'è di più prezioso della libertà di volare libera sul prato di trifoglio annusando il sole? Nulla. Perché per amare un altro, occorre innanzitutto amare la vita e se stesse nella vita.

Quella che a livello razionale sembrava una decisione inevitabile diventa così di nuovo una domanda aperta, su cui interrogarsi molto più a fondo, anche se questa domanda porta con sé la paura della separazione e della fine di un rapporto vissuto come centrale dal punto di vista affettivo. Diventa più chiaro il fatto che è necessaria una riflessione davvero più ponderata e approfondita prima di fare un salto così importante per assimilarsi ad un mondo nuovo ed estraneo, il mondo dell'altro, percepito, a torto o a ragione, come pericoloso a livello inconscio, mentre la coscienza, innamorata, farebbe di tutto, pur di compiacere e tenere con sé l'uomo perdutamente amato, come si dice, talmente perdutamente da arrivare al punto di perdere davvero tutto.

LEBEN ODER THEATER?
EIN AUTOBIOGRAFISCHES SINGSSPIEL

" UND
DABEI
ENSTAND
DAS
LEBEN
ODER
DAS
THEATER
? ? ?" *

"VITA O TEATRO? UNA RECITA CANTATA AUTOBIOGRAFICA
E CON QUESTO SI ORIGINO' LA VITA O IL TEATRO ? ? ?"

Questo è il titolo dato da Charlotte Salomon alla sua opera autobiografica realizzata tra il 1940 e il 1942, composta da 769 dipinti accompagnati da annotazioni scritte e musicali, come il copione teatrale di un'opera cantata, prima di morire a 26 anni, incinta, nel campo di concentramento di Auschwitz. Comporre quest'opera non le ha purtroppo salvato la vita, ma le ha permesso comunque di sopravvivere interiormente malgrado le condizioni di vita estremamente drammatiche in cui si trovava.

Forse questa stessa domanda: "vita o teatro?" affiora di tanto in tanto sulle nostre labbra, restando inarticolata, di fronte ad eventi personali e collettivi che ci colpiscono sempre più frequentemente di questi tempi, lasciandoci traumatizzati.

Il trauma può provocare in noi una dissociazione temporanea, come se stessimo assistendo dal di fuori ad un'azione teatrale.

Questa dissociazione da una parte ci protegge creando una distanza emozionale dall'evento, tuttavia, se il trauma non viene in qualche modo integrato, può succederci di restare bloccati in uno stato di congelamento che ci impedisce di andare avanti nella vita.

Tra i tanti strumenti che abbiamo a disposizione per recuperare almeno in parte la consapevolezza di quanto ci è successo, di quanto sta succedendo, per riappropriarci un po' della nostra identità integrando i nuovi lati venuti a galla, per sapere meglio in che direzione andare, come muoverci, come aiutare noi stessi e gli altri, ci sono anche quelli teatrali. La dissociazione consapevole e proiettata su di un mezzo espressivo artistico diventa in questo modo, attraverso la creazione teatrale, una possibilità di elaborazione del trauma.

Il teatro fin dalle sue origini ha aiutato gli esseri umani a rendersi conto della loro posizione nel tempo, nello spazio, nella società, nell'universo, nella vita personale e collettiva, a riflettere dopo aver partecipato interiormente al dramma, alla commedia, alla tragicommedia che si svolgeva sulla scena.

Ridere o piangere assieme vedendo nostri simili urlare, litigare, ammazzarsi, intrigare, amare, amarsi, ribellarsi, sottomettersi, sulla scena, ci offre una chance in più per capirci e orientarci.

Dopo la visione di uno spettacolo per quanto coinvolgente sia, tuttavia, tornati a casa, molto spesso, continuiamo a vivere come prima, forse un po' più rilassati. Raramente o in poche occasioni, poche persone, lo scuotimento dopo la visione di uno spettacolo teatrale è così profondo da cambiare la vita, in genere nella storia umana è stata la vita collettiva a cambiare, permettendo l'erompere di nuove forme teatrali. A volte però, in momenti cruciali, in genere drammatici, c'è reciprocità tra vita e teatro, una fusione e confusione di questi due piani anche sul piano dell'espressione verbale.

La vita è allora percepita come un teatro in corso, del resto non si dice: il teatro di guerra, il teatro del crimine, la scena amorosa ecc.?
E quando le emozioni si esprimono in maniera molto forte, non c'è spesso qualcuno che esclama: e non fare tutto questo teatro?!

Circoscrivendo una situazione, si può del resto appercepire e capire come una scena teatrale, anche nella quotidianità, allenandosi un po', ad esempio attraverso questo piccolo esercizio:

Chiudete gli occhi un attimo e riaprendoli osservate bene, rilassati, il luogo in cui vi trovate, gli oggetti, le persone, quello che succede, e ditevi: questa che ho davanti agli occhi e in cui mi trovo immerso è una scena teatrale. Chiedetevi: cosa sta succedendo? Che cosa sto percependo? Chi sono io? Dove sono ? come interagiscono le persone? Come interagisco io con le persone? Qual è in questo momento il mio problema emozionalmente più pressante? Alzate le braccia aperte verso l'alto, ruotate su voi stessi e chiedete: se fossi un attore che personaggio incarnerei in questo momento? Accettate l'immagine che viene, senza giudicarla.

Ed ecco che siete lì, accanto al personaggio, con il personaggio. Non analizzate, vivete il momento. Questo Essere ha qualcosa a che fare con voi personalmente, o incarna qualcosa di collettivo, o entrambi, comunque vi concerne, ha un messaggio per voi.

Adesso avete compagnia e con questo compagno, compagna, di strada, potete sapere qualcosa di più di voi stessi e della vostra interazione con gli altri.

In un secondo momento potete capire il personaggio, analizzarlo, farvene ispirare attraverso le associazioni e le amplificazioni.

Così avete una chance in più di cogliere i germi del futuro, di muovervi con maggiore consapevolezza, nella vita? Nel teatro? Nella vita del teatro? Nel teatro della vita? Voi stesse attrici, attori, qui, ora. Con la mediazione del personaggio scaturito da voi stessi, immersi in questa specifica scena di vita può capitarvi di approdare ad un contenuto personale e/o comune nuovo, da tenere per voi o da condividere, per compiere un passo ulteriore nel futuro.

Vita? Teatro?

TERAPIA TEATRALE E TERAPIA REINCARNAZIONISTA

"Ma tu chi sei che avanzando nel buio della notte inciampi nei miei più segreti pensieri? " (Shakespeare, "Romeo e Giulietta")

In chi ci s'inciampa avanzando nell'esplorazione dei personaggi che emergono dall'inconscio, intrecciandosi con altri personaggi e circoscrivendo luoghi, situazioni, epoche, anche molto lontane, ma che hanno per noi un messaggio attuale? In quali parti di noi? E cosa ci spinge in quest'avventura?

"Ma tu chi sei che avanzando nel buio della notte inciampi nei miei più segreti pensieri? - chiede Giulietta e Romeo teme di dirle il suo nome perché rivelerebbe che appartiene ad una famiglia ostile alla sua. Giulietta prosegue domandandogli come abbia fatto a superare gli alti muri del giardino per arrivare fino a lei e Romeo risponde: "Con le leggere ali d'amore ho superato questi muri".

La spinta a cercarsi e a capirsi, a mostrarsi, a comunicare di sé qualcosa di molto profondo, è innanzitutto una spinta d'amore, di desiderio di vivere, di superare e trasformare il dolore, di andare oltre quelle alte mura che circoscrivono lo spazio del nostro io in cui, aggrediti dalla sofferenza, dalla carenza d'amore, dalla ristrettezza in cui ci pare di essere improvvisamente chiusi, non ci sentiamo più vivi e capaci di vivere.

Come in tutte le forme di terapia e di ricerca di crescita personale, anche nelle sedute di Terapia Teatrale e nei corsi di Theatre in Progress dobbiamo essere pronti ad incontrare parti nostre e/o collettive del tutto ignote, luminose e oscure, legate a tragedie che ci pesano sulla coscienza, ma che, apparentemente, nulla hanno a che fare con la nostra vita attuale, a opere buffe che vivono la loro vita straordinaria dentro di noi a nostra insaputa, tutto un mondo che ogni tanto fa capolino nei nostri sogni, che dobbiamo avere la pazienza di decifrare almeno un po' per avere una risorsa in più a disposizione. E' così che può capitare di avere la chiara percezione di imbattersi in se stessi in una vita precedente. L'esplorazione delle vite precedenti per provare a risolvere un problema attuale attraverso le Regressioni costituisce la base della Terapia Reincarnazionista. Le Regressioni in genere si svolgono in uno stato di rilassamento a corpo disteso, si è coscienti e ci si ricorda di quanto si è visualizzato. Dal punto di vista terapeutico non fa differenza che si creda o no nella Reincarnazione: l'effetto dell'esperienza vissuta durante la Regressione e la sua integrazione sul piano cosciente è di per sé terapeutico perché sbloccando emozioni, energie, riflessioni, amplia il punto di vista, esercita un'azione catartica, permette di riattivare una capacità proattiva, togliendoci dalla passività, dal ristagno, da un'aggressività distruttiva, dalla fissazione nel ruolo di vittime designate.

Grande è stata la mia sorpresa quando ricordi di altre vite, sono emersi in alcune persone durante la terapia individuale mediante l'utilizzazione di esercizi di Terapia Teatrale e in alcuni miei corsi di Theatre in Progress, in modo molto spontaneo. Durante quel periodo, per molti anni, lavoravo su questo tema con Alexander Gosztonyi (7), che per 40 anni ha tenuto a Zurigo uno studio di Life coaching e Terapia Reincarnazionista, mettendo assieme un'esperienza enorme in questo campo presentata nel suo libro " Grundlage und Praxis der RueckfuehrungsTherapie " (Fondamenti e pratica della terapia reincarnazionista). Sono stata molto incoraggiata da lui ad approfondire la ricerca in questo campo ed è così che alcune vite precedenti sono entrate a far parte di ciò che veniva elaborato, individualmente e/o in gruppo, durante i miei corsi e le mie terapie. (vedi pag. 1000 di "Grundlage und Praxis der Rueckfuehrungstherapie" di Alexander Gosztonyi, Windpferd Verlag, 2009). (7)

Uno strumento in piu' per rimodellare la nostra vita affrontando alcuni nodi problematici, volando sulle ali dell'amore oltre i soliti muri che ci impediscono di renderci conto che camminando verso l'orizzonte questo si sposta sempre un po' piu' in là, invitandoci alla conoscenza ulteriore di noi stessi, degli altri, del mondo in cui siamo immersi e di quello che è al di là dei nostri sensi.....

THEATRE IN PROGRESS E OPERE LIRICHE

Durante diversi workshop ho utilizzato un ulteriore, utilissimo, strumento di espressione e d'indagine: l'immedesimazione con i personaggi luminosi ed oscuri di alcune opere liriche, come "La Sonnambula" di Bellini, "Dido and Aeneas" di Purcell, "L'elisir d'amore" di Donizetti e altre.

Mentre nella prima parte del workshop nella ricerca dei personaggi si parte da se stessi, questi personaggi delle opere liriche, vengono imposti dal caso, cioè da un bigliettino estratto a sorte con i nomi dei protagonisti dell'Opera in questione, ad esempio Amina, Conte Rodolfo, Lisa, Elvino, Didone, Enea, la Strega e la Maga, Adina, Nemorino, Giannetta, ecc. e viene richiesto ai partecipanti, libretto in mano, di entrare nel personaggio e cantare il ruolo, mentre la musica scorre. Ovviamente dal momento che raramente capita qualcuno con voce da soprano, baritono, tenore, il canto non può essere che abbozzato, ma intanto non c'è tempo di riflettere, bisogna andare con la musica che incalza, nei panni di quel personaggio, bello o brutto che sia e, alla fine dell'esperienza, dire come ci si è sentiti in quel ruolo, coinvolti attraverso di lui in quella specifica trama tragica o comica.

E' interessante notare che tutti preferiscono i ruoli luminosi, positivi, mentre si trovano in grande imbarazzo ad entrare in quelli negativi, intriganti e malvagi. Però è per tutti un'esperienza liberatoria e, allontanatasi la musica, tornati coi piedi per terra, si è sollevati, come usciti da una grande tempesta emozionale che ha purificato l'aria e il cuore e donato la nuova percezione di poter andare nella vita con un po' più di saggezza e di benevola leggerezza....

Ci sono Opere liriche che, vissute in questo modo dal di dentro, possono dare una nuova prospettiva rispetto a temi pesanti e dolorosi che ci coinvolgono: ad esempio durante il mio Workshop del 17-18.6.2006 a Zurigo era emerso il tema della solitudine provocata dalla rivalità femminile, una rivalità talmente perniciosa e sotterranea da provocare l'isolamento totale della protagonista della trama.

Come contromisura io avevo suggerito la frase di Eleonora Duse: "Nessuno di noi è solo al mondo, non bisogna essere passivi, ma responsabili" e scelto, come Opera lirica in cui entrare, "La Cenerentola" di Rossini.

"Una volta c'era un Re,
che a star solo si annoiò:
cerca, cerca, ritrovò,
ma il volean sposare in tre.
Cosa fa?
Sprezza il fasto e la beltà
E alla fin scelse per sé
L'innocenza e la bontà
La La La Là
Li Li Li Lì
La La La Là"

Così inizia la "Cenerentola" di Rossini, ecco un uomo desiderato da tante e una donna che, a causa della rivalità feroce delle sorellastre, è costretta ad una vita faticosissima e povera.

Ma il tutto non finisce in tragedia, la Bontà trionfa, ed ecco che alla fine dell'Opera Cenerentola canta:
"Non più mesta accanto al fuoco
Starò sola a gorgheggiar.
Ah fu un lampo,
un sogno, un gioco,
il mio lungo
palpitar"

L'entrare in quest'Opera ha permesso alle partecipanti al Workshop di percepire, dopo due giorni d'immersione in una trama tragica di solitudine, rivalità e morte scaturita dal gruppo, una distanza benevolmente ironica dai lati rivaleggianti e distruttivi femminili e suggerito la possibilità di una risoluzione positiva del tema: se in ogni donna c'è un po' della sorellastra, sicuramente c'è anche un po' di Cenerentola e quindi non vale la pena di entrare in giochi e intrighi letali, è meglio resistere a queste seduzioni e centrarsi sulla speranza di ricevere la propria, adeguata, porzione d'amore, dalla vita, da se stessa, dalle altre, dagli altri e prendersene la responsabilità.

Aggiungo inoltre che grazie al tipo di struttura musicale delle Opere del periodo del Belcanto le emozioni forti, le passioni distruttive, possono venire contenute in una forma armoniosa e quindi meglio sopportate, trasformate, integrate.

Come scrive Vittorio Coletti nel suo libro "Da Monteverdi a Puccini" (8): "Vestita da favola, con tutti i segni di un universo distante e diverso, la tragedia è parsa più accettabile e praticabile. Quello che in essa restava d'irrimediabile e inspiegabile (il finale tragico, la punizione degli innocenti, la sconfitta dei buoni, lo strapotere delle passioni) veniva reso elegiaco, consolato dalla musica, dalla perfezione delle figure melodiche, dalla dolcezza del canto".

Coletti ritiene che comunque la consolazione data dalla musica sia finita dopo i campi di concentramento e che solo il nuovo genere letterario musicale di un Strawinsky, Britten, Berio, dissonante, respingente, che rinuncia alla confortante regolarità delle figure musicali, sia stato all'altezza di dare espressione alla tragedia moderna del dopoguerra.

Dal mio punto di vista questo è stato senz'altro vero per un lunghissimo periodo, tuttavia la mia esperienza di lavoro terapeutico ed espressivo con tante persone diverse, ma sottoposte tutte allo stress, ai traumi, alle insicurezze globali degli ultimi 20 anni, mi fa ritenere che proprio quelle forme musicali armoniose e regolari dell'Opera lirica del periodo belcantistico, possano svolgere in questa fase storica un ruolo di balsamo dell'anima, permettendo di entrare nelle passioni senza esserne travolti, donando una luce di speranza necessaria alla sopravvivenza e al rafforzamento della resilienza.

TERAPIA TEATRALE E FLORITERAPIA

Theatre in Progress e teatro floreale

Ho chiamato "Theatre in Progress" le esperienze che propongo attraverso i miei workshop proprio perché di questo si tratta: di vivere per due giorni la vita come un teatro che si forma man mano…

Quando questo processo si connette con la Floriterapia una parte dell'esperienza avviene in spazi naturali.

Il primo giorno quindi normalmente si svolge all'aperto, a Zurigo nel giardino botanico che così partecipa a quest'esperienza rivelando il teatro floreale che lo anima. I fiori, alcuni dei quali presenti nella Floriterapia di Bach (9), ad esempio il ginestrone spinoso, l'agrifoglio, la vitalba ecc. diventano aiutanti e fonte d'ispirazione, intrecciandosi attraverso i personaggi squisitamente individuali cui danno vita mediante un esercizio, all'interiorità di chi, percependo lo stato d'animo negativo connesso alla propria attuale situazione, si aggira nel giardino cercando energie positive. Ecco allora che un giglio evoca un caro amico scomparso, una sontuosa pianta dalle larghe foglie Madame Pompadour, un ibisco la mamma, una malva la nonna dal carattere stravagante, una genziana un aristocratico veneziano vissuto nel 1560, un fiore color avorio, madreperlaceo, che sembra una pergamena l'Arcangelo Gabriele portatore di un messaggio….e cosi via. Come sempre questi personaggi daranno vita ad una trama, ad una messa in scena da cui trarre alcuni suggerimenti significativi.

Diventa così più facile avvicinarsi alla floriterapia, avvicinarcisi e farla propria dal dentro, assimilarla innanzitutto facendo esperienza del mondo delle piante e delle presenze floreali liberamente, cercandole nello spazio esterno e ricreandole dentro di sé, ampliandole attraverso i personaggi che, in quel preciso momento, vengono attirati e la storia che nella loro interazione i personaggi creano.

Una storia stimolante che riguarda ciascuno e tutti, su cui è possibile riflettere per imboccare nuove strade e sentirsi meglio, meno paralizzati, più efficaci nella gestione della propria vita.

Una volta preso in mano il manuale di Floriterapia sarà più facile, anche più divertente, studiare e memorizzare i 38 fiori scoperti dal Dott. Bach utilizzati per elaborare miscele personalizzate con il fine di riequilibrare le nostre energie dissonanti.

Teatro, teatro floreale, vita.

TERAPIA TEATRALE E FLORITERPIA

Workshop del 1.10. 2016
Giardino Botanico di Zurigo
dalle ore10 alle 16:

Esercizi:

1:

a) Concentrarsi sui propri attuali sentimenti negativi.

b) Mettersi una mano sul cuore, avvolgere il cuore con una luce rosa e, inspirando ed espirando "attraverso il cuore", evocare un ricordo positivo oppure un'immagine, un colore, un paesaggio, che dia un sentimento di piacere, di felicità.

c) Quando si è ben impregnati di questo sentimento positivo paragonare il proprio stato d'animo con quello precedente.

2:

a) Vagando nel giardino, focalizzare l'attenzione sul proprio problema attuale e lasciare che una pianta, un fiore ci attragga. Una volta davanti al fiore provare a percepirlo intimamente, annotare le associazioni che emergono dentro di noi, disegnarlo, fotografarlo, a piacere.

b) Alzare le braccia aperte verso l'alto, ruotare su se stesse e chiedere un personaggio formulando la domanda: "se fossi un'attrice quale personaggio vorrei incarnare adesso? "

Accettare ciò che viene, senza giudicare.

Annotare scrivendo il personaggio, disegnarlo, e precisare il luogo in cui ci si trova nel giardino.

1 ora a disposizione.

3:

a) Ci si ritrova nella panchina a ferro di cavallo, in mezzo al prato, sotto il banano.

b) Condivisione e annotazione scritta dei personaggi.

c) Ognuna conduce le altre a vedere il proprio fiore.

Pausa pranzo, senza parlare di quanto è emerso durante il lavoro.

4:

a) Guidate da me si scende in una visualizzazione interiore dell'interazione dei personaggi, senza analizzare e senza giudicare. Una volta riemerse ognuna scrive ciò che ha visualizzato, sotto forma di una trama. Ad ogni trama viene assegnato un numero scritto in un biglietto, si estrae il biglietto a caso scegliendo in questo modo una trama.

b) La trama scelta viene messa in scena.

c) Si condividono, parlando assieme, le impressioni, le emozioni, le associazioni, i ricordi, che la messa in scena ha suscitato in ognuna.

d) Ognuna comunica il messaggio individuale che porta a casa in seguito a questa esperienza.

Non c'è alcun obbligo di parlare di sé, di quello che si è sperimentato, si può anche non comunicarlo, esplicitando il proprio desiderio di partecipare solo ascoltando.

2 esempi di percorso: Thea e Tania

THEA

Thea è attratta da due piante (che nel giardino sono poste una di fronte all'altra) da cui, facendo l'esercizio, emergono due personaggi:
- l'Agrifoglio cui corrisponde come Personaggio "l'Essere umano"
- La Cortaderia selicana (argentina) cui corrisponde "l'Essere umano che si trasforma e cambia".

Thea trova queste parole per spiegare quello che sente: "l'Agrifoglio (Holly, che fa parte anche dei Fiori di Bach n.d.r) e' una pianta che punge, non la si può avvicinare, anche se è bellissima, perfetta esteticamente. La Cortaderia invece è morbida, flessibile, è un velluto. Mi fanno pensare al perché del cambiamento, all'integrazione delle due parti: se sei in grado di fletterti cosi, provi piacere e puoi stare bene".

TANIA

Anche lei è attratta da due piante-fiori che le evocano due personaggi:
- Plumbago: bianco, piccolo, grazioso, una purezza che nessun può distruggere, anche se sembra fragile, il cui Personaggio corrispondente è "Biancaneve, che aspetta il principe."
- Lantana: forte, libero, aperto, di cuore, cui corrisponde "una Ragazza irlandese che fa la sua strada, sa cosa vuole, fa la sua vita autonomamente".

Thea e Tania, benché l'indicazione fosse di trovare un fiore, una pianta, e un personaggio, ne hanno, sincronisticamente, senza sapere l'una dell'altra, scelti due, estraendone due personaggi e indicando entrambe un processo necessario, nella loro attuale fase di vita, di trasformazione e d'integrazione degli opposti, di negoziazione interna tra parti contrapposte.

Visualizzazione e trama:
Tania: - scendendo dentro la mia pancia trovo un Essere favoloso, positivo e negativo. Mi fa entrare e vedo, a sinistra, Thea che discute con l'agrifoglio e la cortaderia stando seduta su di una sedia da bar, alta. C'è un'atmosfera molto armoniosa, io

cammino e vedo Biancaneve discutere con la Ragazza irlandese dai capelli rossi e dico: voglio uscire da qua, voglio portarle fuori, nel prato. L'Essere favoloso però mi dice: non sei ancora all'altezza di andare nel prato. Dovrai avere pazienza e troverai tutto.-

Thea: - l'Essere umano sui trampoli si avvicina a Biancaneve e alla Ragazza irlandese dai capelli rossi, i tre fanno un girotondo, senza parlare, è un film muto che seguo finché mi distraggo per prendere il sole, provo un grande piacere ad assorbire questo sole meraviglioso -.

Viene messa in scena, con scelta affidata al caso, la sequenza di Tania e in un secondo momento entrambe, condividendo emozioni e riflessioni scaturitene, riflettono sulle cose concrete da fare nei prossimi tempi:

Tania: - devo avere pazienza, praticare la pazienza, anche di aspettare il prossimo anno per vedere cosa succede col lavoro, per seguire una dieta, per rimanere fedele al fatto che con un uomo desidero solo un rapporto stabile, non un'avventura, per fare un piano di attività, ad esempio andare tutte le domeniche a nuotare, fare fitness a casa ½ h al giorno, fare qualcosa in compagnia, ad esempio meditazione con mia sorella, andare due volte alla settimana in città, per me è difficile perché sono un tipo impaziente! Assieme a questo mi porto a casa oggi anche il sole, noi due, la piccola esperienza teatrale, l'essere immerse nella natura..-

.

.

Thea: - il piacere di sviluppare un argomento inaspettato: IL PIACERE! . Stavo riflettendo da un po' su questo argomento, ma oggi non volevo partecipare perché sono raffreddata, non mi sentivo bene, alla fine sono venuta ed è venuto fuori il piacere, il piacere che tira il piacere....E' questo che porto a casa dall'esperienza di oggi.-

Per me come guida e spettatrice è sempre sorprendente quello che emerge durante queste esperienze di Theatre in Progress: io fornisco la struttura, le regole del gioco, tutto il resto si forma da sé e molto spesso sincronisticamente. E' per me interessante notare e annotare gli strumenti in più per stare un po' meglio che si formano spontaneamente nelle mani delle partecipanti, che si riferiscano ad una maggiore disciplina o spontaneità, a seconda dei casi, attraverso questa esperienza. E ogni volta imparo qualcosa di nuovo nell'affiancare e contemporaneamente registrare e guidare questi processi simultanei di persone diverse, di quella giornata mi è rimasto dentro un sentimento dinamico, come se la natura si muovesse con noi rifrangendo da diversi punti di vista la natura interiore... e non dimentico altre presenze intervenute per caso sulla scena: due ranocchi in posa sulle foglie di loto, un Border Collie con un occhio azzurro e uno marrone, due dalmatini che hanno fatto irruzione, prontamente trattenuti dalla loro dog-sitter, incuriositi, tra i personaggi, e un sole radioso....

IMPROVVISAZIONE

Il gioco teatrale permette di acquisire consapevolezza emotiva e cognitiva di nostre parti individuali e collettive attraverso la penetrazione in un personaggio, nel suo modo di sentire, agire, muoversi. Stabiliti dei punti di riferimento fissi cui tornare costantemente, si può improvvisare tutto il resto. L'improvvisazione è fondamentale perché permette a contenuti del tutto o parzialmente inconsci di emergere e prendere forma, rende possibile la comunicazione di questi contenuti e, in un secondo momento, di riflettere su quanto è emerso.

L'improvvisazione teatrale è alla portata di tutti, in fin dei conti improvvisiamo continuamente nella nostra vita quotidiana, pur rispettando regole che ci danno orientamento, ma può essere percepita come inaccessibile o addirittura pericolosa da parte di alcune persone. Per questo motivo lo spazio e il tempo all'interno dei quali si svolge l'improvvisazione, devono essere ben strutturati, con limiti chiari, riconoscibili e perciò rassicuranti.

THEATRE IN PROGRESS,
PSICODRAMMA,
COSTELLAZIONI FAMILIARI

Esiste una differenza tra questi tipi di esperienza di messa in scena: lo psico-dramma e le costellazioni familiari favoriscono l'elaborazione di vissuti interiori risalenti all'infanzia, alla propria esperienza e posizione all'interno della struttura familiare comprendente anche le generazioni precedenti, Theatre in Progress permette di accogliere qualsiasi tipo di contenuto inconscio emerso attraverso la mediazione dei Personaggi, di metterlo in scena e di provare eventualmente in un secondo momento a capire se si tratta di una situazione individuale risalente all'infanzia oppure di un contenuto individuale e/o collettivo attuale, passato, di una vita precedente ecc. e di tradurlo in una risorsa per il futuro.

TERAPIA TEATRALE E RESILIENZA

Passando al vaglio il termine "Resilienza" l'Accademia della Crusca mette in evidenza che questa parola è esplosa nella lingua italiana, attraverso un uso disinvolto e frequente nei media e nei giornali, soltanto dal 2011, e ne sottolinea la differenza dalla parola "Resistenza" con cui molti la confondono.

"Il materiale resiliente non si oppone e contrasta l'urto finché non si spezza, ma lo ammortizza e lo assorbe, in virtù delle proprietà elastiche della propria struttura".

"L'esempio più semplice è quello delle corde della racchetta da tennis che si deformano sotto l'urto della pallina, accumulando una quantità di energia che restituiscono subito nel colpo di rimando".

In psicologia il termine Resilienza indica quindi la capacità di far fronte e superare eventi traumatici, periodi difficili, senza perdere la propria identità, di autoripararsi dopo un'avversità e addirittura di utilizzare le difficoltà come chance per svilupparsi ulteriormente e anche creativamente.

In che modo le esperienze di Terapia Teatrale e di Theatre in Progress possono aumentare la nostra resilienza? Rendendoci più elastici nell'accogliere parti di noi stessi poco conosciute, attraverso la mediazione di personaggi scaturiti dalla nostra interiorità o presenti all'improvviso nel nostro spazio psichico.

Quando subiamo un trauma, questi, urtando la nostra psiche, può mettere in moto in noi dei lati del tutto sconosciuti, ci può capitare di diventare "altri", "estranei a noi stessi", di dissociarci, di ritrovarci in balia di paure, angosce, attacchi di panico, blocchi incomprensibili, che possiamo avere grosse difficoltà a gestire.

Le difficoltà sono tanto più grandi quanto meno siamo psichicamente flessibili e capaci di integrare l'ignoto.

La Terapia Teatrale può anche facilitare l'autoriparazione permettendo l'espressione di emozioni molto difficili e, in condizioni di vita normali, svolgere un'azione preventiva: come le corde della racchetta da tennis possiamo essere maggiormente in grado di assorbire il colpo e rilanciare la pallina di un'esistenza attiva e positiva se, nel momento in cui sopravviene qualcosa di troppo pesante per noi, abbiamo fraternizzato precedentemente e anche simpatizzato con parti personali e/o collettive percepite come a noi molto estranee, pur appartenendo alla comune esperienza del genere umano.

Inoltre, aumentando l'autostima, la fiducia nella capacità di prendere in mano le redini della propria vita e di orientarsi in qualche modo in una situazione nuova, sconosciuta, ci dà coraggio e ottimismo, indispensabili per non soccombere, ma, anzi, rilanciare la partita della vita.

Che la Resilienza sia d'importanza centrale in questo periodo storico me l'ha confermato una stupefacente sincronicità avvenuta dopo il mio incontro interattivo a San Costanzo il 20. 5. 2017 dal titolo "Terapia teatrale e Resilienza": finito l'evento, molto interessante per me anche per l'attiva e sensibile partecipazione del pubblico, sono andata a cena al ristorante assieme ad alcune amiche e colleghe. Aspettando di poter fare l'ordinazione, io e una collega siamo andate alla toilette. C'era molta fila e bisognava aspettare e così ci siamo messe a chiacchierare commentando in positivo l'evento, senza mai però citarne il titolo. Quella sera il ristorante era pieno a causa di una festa di matrimonio e avevamo trovato all'ultimo momento l'unico tavolo ancora libero.

Mentre stavamo chiacchierando, un ragazzo in piedi vicino a noi, anche lui faceva la fila, ci ha interrotto dicendo: - scusatemi, non posso fare a meno di ascoltare, dato che sono qui di che evento state parlando? - - Dell'incontro interattivo che ho fatto oggi a San Costanzo che riguardava come aumentare la resilienza attraverso la terapia teatrale -, gli ho risposto. E lui – Ah, non lo dica a me! Pensi che stasera sono qui per la festa di matrimonio e proprio oggi la mia ragazza mi ha lasciato! Ma guardi qua! – e ha iniziato a slacciarsi i primi bottoni della camicia bianca. Abbiamo guardato perplesse senza riuscire a capire cosa intendesse, per rimanere senza fiato vedendo che al centro del suo torace era tatuata la parola:

RESILIENZA

Mi ha permesso di fare una fotografia al tatuaggio, che ho accluso alle mie riflessioni sullo svolgimento dell'incontro interattivo, scritte sotto forma di appunti alcuni giorni dopo. Una sincronicità cosi sbalorditiva conferma, a mio avviso, l'importanza di tenere al centro della nostra attenzione mentale, sentimentale e corporea la necessità e la possibilità di trarre energia dalla nostra capacità resiliente in situazioni che altrimenti ci potrebbero profondamente scompensare psichicamente e psicosomaticamente .

Prefazione alla seconda edizione

Questa seconda edizione di "ELEMENTI DI TERAPIA TEATRALE", pubblicato nel 2018, nasce dal mio desiderio di integrare nel libro alcune esperienze svolte nel periodo pandemico da COVID-19, dal marzo 2020 fino al febbraio 2021, perche' ritengo possano fornire alcune indicazioni ulteriori sugli strumenti di resilienza e cooperazione già illustrati nella prima edizione.

Buona lettura!

Maria Ivana Ugolini

Zurigo, 18 gennaio 2023

A Safi

ELEMENTI DI TERAPIA TEATRALE
DURANTE LA PANDEMIA DA COVID-19

Accorporazione, Danza a specchio e ricerca del proprio Personaggio come strumenti per rafforzare comunicazione e resilienza

Esperienze durante l'arco di tempo gennaio 2020 - febbraio 2021

Nell'agosto 2019 sono diventata nonna e fin dall'inizio del rapporto col mio nipotino, cercando un modo per comunicare al meglio con lui visto che lo scambio verbale non era possibile, ho avuto la spinta a sperimentare la "Danza a specchio". L'epidemia da Coronavirus sarebbe scoppiata pochi mesi dopo, ma si era ben lontani dall'immaginarlo, anche se ormai da decenni era nota la possibilità di esplosione di epidemie globali e a molti erano presenti i rischi collegati anche a tagli sanitari sempre più frequenti.

Nel marzo 2020, quando è stato proclamato in Svizzera il lockdown, ci siamo tutti trovati improvvisamente immobilizzati nella nostra postazione come nel gioco infantile delle belle statuine sulla via di Roma, ma, ahimè, non si trattava di un gioco e non era affatto divertente. Personalmente fino a quel momento mi ero sentita in una situazione di felice equilibrio: benchè in pensione lavoravo ancora, in maniera ridotta, come medico psicoterapeuta con la passione e il piacere di sempre e stavo preparando un Incontro Interattivo al Volkshaus di Zurigo nel mese di maggio con conseguente Workshop al giardino botanico. Tutto andava per il meglio.

In quel periodo mi occupavo per un'intera giornata alla settimana del mio nipotino di 4 mesi e continuavo a sviluppare poco a poco con lui la nostra comunicazione tramite la "Danza a specchio": lo mettevo seduto nella sua seggiolina a dondolo, mi ponevo di fronte a lui, seduta su un sedia, imitavo, a specchio, un suo gesto spontaneo, come alzare un braccio, una gamba, scuotere la testa, lui afferrava al volo il gioco e faceva altrettanto con me, entrambi spontaneamente introducevamo delle variazioni che l'altro a sua volta imitava a specchio, ci divertivamo un mondo e accompagnavamo il tutto con melodie mie e gridolini suoi.

Qualche mese dopo questa pratica si è rivelata utilissima, mi sono resa conto che aveva creato tra noi due una forte base di comunicazione e complicità che si è mantenuta anche quando per due mesi, a causa delle restrizioni dei contatti dovuti alla pandemia, non ci siamo potuti vedere se non per video di tanto in tanto: infatti abbiamo potuto continuare a comunicare attraverso la Danza a specchio anche via video, lui seduto sul suo seggiolone e io a casa seduta su una sedia di fronte a lui.

Quando nel giugno 2020 ci siamo potuti rivedere in presenza abbiamo continuato a danzare a specchio e dal momento che nel corso dell'anno lui ha imparato a stare in piedi, a camminare e a parlare, a canticchiare, il nostro esercizio è diventato sempre più ricco e complesso.

Quando Rafael ha compiuto due anni è stato sufficiente chiedergli: - Rafael facciamo la danza a specchio? - che lui, se in quel momento ne aveva voglia, dopo avermi risposto di sì, si metteva in piedi di fronte a me e cominciavamo con vari movimenti a specchio, variandoli, ritmandoli, condendoli con qualche ciribiricoccola che nel nostro linguaggio significa ruotare su se stessi, per concludere il tutto con – capitombolo - che consiste nel camminare a passetti rapidissimi e buffi e poi buttarsi a terra su un mucchio di pelouche o su di un materasso pieno di palline di plastica leggera di tanti colori.

Adesso che ha compiuto due anni e quattro mesi è lui stesso che viene da me e mi dice:- Nonna, danza a specco! (non riesce ancora a pronunciare specchio) - e iniziamo il nostro esercizio-gioco.

Il tutto si conclude con risate a crepapelle che illuminano di gioia questo cupo periodo pandemico.

L'autentica gioia di vivere rafforza il sistema immunitario, rende resilienti.

Nel giugno 2021 sono andata definitivamente in pensione, serbando l'intenzione di continuare a svolgere sia gli Incontri Interattivi che i miei workshop di Theatre in Progress. Di fatto a causa delle restrizioni dovute alla gestione della pandemia ho dovuto rimandare tutto ciò al maggio 2022.

Nel frattempo mi chiedo che cosa posso portare nel futuro, di positivo, di luminoso, che cosa potrebbe essere utile comunicare, come estratto dalle mie esperienze di lavoro e di vita durante gli ultimi due anni caratterizzati da gravi difficoltà, perdite e sofferenze di vario tipo per tutti noi.

Certamente, per cominciare, quest'esperienza di "Danza a specchio" con un bambino molto piccolo. E' stata un'esperienza nuova per me, ho sempre lavorato terapeuticamente con i bambini, ma non ho mai pensato di fare anche con loro quella "Danza a specchio" che facevo con gli adulti, quando ho iniziato con Rafael l'ho fatto perché essendo il mio nipotino passavo l'intera giornata con lui, era divertente per entrambi comunicare così, mi sentivo incuriosita e col tempo mi sono convinta che questa forma di comunicazione preverbale abbia favorito il mantenimento del contatto nei periodi di distanziamento forzato e successivamente la nostra comunicazione verbale, cosicchè oggi ci intendiamo a meraviglia malgrado il suo vocabolario di bimbo di due anni sia limitato e, data la realtà in cui viviamo, poliglotta. In generale adesso riusciamo, parlando, a dirimere i "nostri scontri di potere" riguardanti le cose che può o non può fare, arrivando per lo più ad un compromesso che esclude azioni pericolose per lui.

Quest'esperienza rafforza la mia profonda convinzione che sia importante riconoscere fino in fondo e ribadire la centralità dell' "inconscio diale" nell'incontro umano, inconscio che se strutturato nell'interazione preverbale può favorire successivamente la comunicazione verbale, la comprensione reciproca e la contrattazione per arrivare a risultati comuni.

Nello stesso periodo dominato dalle restrizioni dovute alla pandemia un'altra novità si affacciava all'orizzonte della mia esperienza: le danze e i canti nelle terrazze, in strada, negli ambienti domestici visualizzati e trasmessi via video, di danzatrici, cantanti, musicisti professionisti a cui era reso impossibile esibirsi sui palchi.

Di fronte a casa mia c'era un appartamento con una grande terrazza in cui abitavano delle danzatrici e una di loro si esercitava e improvvisava tutti i giorni in terrazza per se stessa e per noi vicini che la seguivamo con grande interesse. Su di un altro terrazzino dei giovani musicisti suonavano per se stessi e per noi: per quanto fosse pesante non poter lavorare e guadagnare per questa categoria di artisti, la loro arte straripava per forza di cose fuori dall'Opernhaus, collocata a breve distanza dai nostri appartamenti, e da tutti i tradizionali luoghi di rappresentazione artistica.

Non solo: tante persone con tutti altri tipi di lavoro e come hobby il suonare uno strumento musicale, cantare ecc. nelle pause durante l'home office, si affacciavano alla finestra, uscivano in terrazza, ed eseguivano qualche pezzo. Lo stesso succedeva nelle strade e nei parchi. Madri e padri chiusi coi figli all'interno delle pareti domestiche si improvvisavano attori e tutti insieme davano vita ad una pièce teatrale per alleggerire la tensione ... certo, in maniera limitata, ma sufficientemente così diffusa rispetto al periodo precedente alla pandemia, da sorprendermi positivamente: per me che sono partita dalle esperienze parateatrali 45 anni fa e ho integrato alcuni strumenti teatrali nel mio lavoro psicoterapeutico e nei miei workshop, è stata una sorpresa davvero gioiosa e liberatoria.

Questi comportamenti di espressione artistica spontanea che si sono sviluppati in tutto il mondo, durante il 2020, per regredire purtroppo e scomparire quasi del tutto nel 2021, costituiscono un bagaglio di esperienza importante, da esplorare e capire più a fondo, da non dimenticare o rimuovere.

Durante il periodo pandemico il mio lavoro psicoterapeutico si è svolto soprattutto al telefono e con pazienti che essendo in terapia da me da qualche tempo conoscevano già i miei esercizi di Terapia teatrale. Lavorando al telefono non ho potuto praticare con loro la Danza a specchio, ma è stato possibile continuare a portare avanti assieme sia le Accorporazioni sia la Ricerca del proprio Personaggio: i pazienti lavoravano in proprio, a casa, con questi esercizi, poi cercavamo di comprenderne l'essenza ed il significato, riflettendo assieme, durante le sedute telefoniche di psicoterapia.

Con il suo permesso cercherò di illustrare, tra i tanti, un percorso svolto da una persona, una donna, che ha scelto come pseudonimo per questo scritto il nome Elena, che ha tratto un rafforzamento della resilienza durante questo difficile periodo pandemico attraverso questi esercizi e le nostre comuni riflessioni, associazioni, interpretazioni.

E' attraverso una mia Accorporazione a distanza all'interno del cammino terapeutico con lei, che ho percepito la sua drammatica e improvvisa solitudine dovuta al lockdown sopravvenuto proprio quando stava uscendo da una depressione causata da una difficile situazione familiare, cosi le ho proposto di continuare ad integrare con le nostre sedute, in quel periodo al telefono, l'esercizio di ricerca del proprio Personaggio e di lavorarci poi assieme cercando di capire quali spunti vitali, quali suggerimenti preziosi, quali ispirazioni, ci offrisse come risorsa in più da utilizzare per resistere, restando positiva, in quella situazione di isolamento.

PERSONAGGI DI ELENA

14.3.2020

"Donna con lungo velo, vestito a tunica, bianchi, con cintura in vita di raso blu, con una rosa di colore rosa nella mano destra, eretta, e una spiga dorata a testa in giù nella mano sinistra".

Brano musicale "La follia" di Arcangelo Corelli

In un periodo di - follia - come quello pandemico, Elena sceglie un tema musicale, quello della - Follia - aperto all'improvvisazione, su cui sviluppare l'esercizio che la porterà a trovare il Personaggio sopra descritto. Mancavano due giorni alla proclamazione a Zurigo, una proclamazione già più o meno annunciata dai media, di quel lockdown che avrebbe significato per molti, tra cui Elena, l'essere improvvisamente rinchiusi in casa senza nessuna preparazione ad un evento del genere.

La Figura femminile che emerge come Personaggio indossa un vestito bianco, un colore che allude alla purezza, con una cintura blu, che indica una fermezza che tiene insieme la vita restando ben ancorata a valori spirituali, la rosa di colore rosa, eretta, che la mano destra regge, mostra un'apertura amorevole e femminile al mondo anche in questa difficile situazione, la spiga all'ingiù, quindi tagliata, nella mano sinistra, indica che qualcosa di vitale è stato mietuto per un raccolto di cui ignoriamo la portata.

Riflettiamo sul fatto che dalle spighe mietute, nel normale ciclo del grano, vengono estratti i chicchi e che poi con questi si ottiene la farina e dalla farina il pane, che il pane è un alimento primario per se stessi e per gli altri, che quindi in questa immagine viene mostrato un cammino fecondo, ma che per ora, per Elena e per me, riposa nell'ignoto. Un ignoto che bisogna avere la pazienza di reggere, il che non è affatto facile, anche perché mescolato al dolore di una mietitura che soggettivamente sembra precoce, anche se da un qualche altro punto di vista inconscio non lo è dal momento che la spiga che il Personaggio tiene in mano è matura, non verde.
Per forza di cose bisogna concludere che il momento è giusto, anche se è difficile distinguere quanto sia giusto personalmente e quanto lo sia collettivamente, comunque a questa musica bisogna ballare e improvvisare, come nella forma musicale della - Follia -.

Quando due giorni dopo, il 16 marzo 2020, è effettivamente scattato il lockdown a Zurigo, Elena ha continuato a svolgere quotidianamente questo esercizio di ricerca del suo Personaggio ed è stata perseverante nel farlo nei mesi successivi nella speranza di uscirne rafforzata.
Abbiamo notato, anche con una certa sorpresa, che si succedevano Personaggi femminili tutti positivi, solari, ricchi di calore e di vita, col sorriso sulle labbra e la pelle abbronzata, il che ha mostrato che malgrado tutte le restrizioni c'era ancora una parte solare dentro di lei, una parte che in qualche modo donava e a sua volta attingeva dall'esterno, malgrado l'estrema riduzione di contatti ed esperienze sociali, calore affettivo e speranza.

29.6.2020

Dopo varie sequenze di Personaggi femminili positivi, torna il tema del grano:

"Giovane donna con grande cappello di paglia legato sotto il mento, sorridente, coi capelli color grano che a ciuffi escono di lato, un po' abbronzata".

In questo Personaggio il grano torna associato al colore della sua capigliatura: quindi Elena ha pensieri solari, ricchi di calore e di vita.

In effetti quando in giugno le restrizioni si sono allentate la depressione non aveva ripreso piede nella sua vita malgrado le difficoltà dei mesi precedenti.

17.9.2020

"Un amico attore, forse con un girasole in mano, in piedi sul palcoscenico".

Questa volta il Personaggio corrisponde ad una persona reale, vicina, con cui Elena ha un rapporto personale e porta un girasole in mano, simbolo di cambiamento, di volgimento sempre e comunque verso il sole, verso una fonte di luce.

Si tratta di un attore quindi, riflettiamo assieme, di qualcuno pienamente consapevole di inviare ad altri un messaggio positivo nel momento in cui mostra un girasole e con questo il suo stesso processo di cambiamento, da imitare se lo si vuole, orientato costantemente verso una sorgente di luce interiore.

Per Elena è anche una conferma dell'utilità di continuare questo esercizio di ricerca del Personaggio per contrastare la tristezza e il desiderio di lasciarsi andare, determinato da un vissuto quotidiano deprimente a causa dalle misure restrittive imposte per gestire la pandemia, misure un po' allentate, ma ancora ben presenti.

30.1.2021

"Una donna magrissima, nuda, appena uscita da un campo di concentramento".

Questo Personaggio, molto impressionante poiché subentra all'improvviso dopo mesi di esercizi con Personaggi tutti positivi, scaturisce durante un periodo caratterizzato di nuovo da pesanti restrizioni e da una breve malattia di Elena. Evidentemente le sue energie sono ormai ridotte all'osso.

L'immagine scaturita mostra tuttavia che, malgrado ciò, a questa donna con un solo filo di vita capita la fortuna o il dono di poter uscire dal campo di concentramento per riprendere passo dopo passo un percorso di ricostituzione delle forze fisiche e psichiche.

3.2.2021

"Un angelo femmina, somigliante ad Elena da giovane, con ali che fremono vitali sulle sue spalle".

4.2.2021

"Elena da giovane con una ghirlanda di rose rosa in testa".

Ci aspettavamo un percorso di riabilitazione lento e faticoso, tuttavia le ali sulle spalle mostrano un accrescimento incoraggiante e più rapido del previsto delle forze spirituali capaci di proteggerla, inoltre tornano le rose rosa del Personaggio del marzo 2020: pensieri rosa amorevoli, femminili, inghirlandano la sua fronte, come i fiori anche questi pensieri e sentimenti positivi sono forse creature fragili e transitorie della cui semplice bontà e bellezza può rallegrarsi per lo spazio di qualche giorno soltanto, ma che comunque Elena sa apprezzare perché l'aiutano a non farsi inghiottire dalla negatività di questo periodo, di queste penose situazioni e circostanze.

7.2.2021

"Elena così com'è oggi, 7 febbraio 2021, in piedi al centro della stanza, con le mani sul cuore, per proteggerlo".

Elena è diventata lei stessa un Personaggio, può osservarsi in questo gesto di protezione del cuore, necessario per non venire troppo ferita, per non indurirsi, per non avere il cuore di ghiaccio rispetto a se stessa e agli altri in un periodo come questo caratterizzato da una pandemia che sembra infinita, che semina perciò stanchezza, dubbi, disperazione, conflitti, aggressività, distruzione, autodistruzione, in tanti cuori. Col cuore in salvo Elena, come tutte e tutti noi, può sperare di prendere quelle iniziative che le sembrano giuste e confrontarsi con le opinioni, le iniziative, le decisioni di altre e altre in un clima di consapevolezza, tolleranza e rispetto reciproco.

Zurigo, 10 giugno 2021

THEATRE IN PROGRESS

Il lavoro terapeutico che ho svolto per tanti anni mi ha dato la possibilità di sviluppare e di proporre strumenti specifici anche durante i miei Worshop e Laboratori a cui ho dato il nome di Theatre in Progress.

Rafforzare la propria resilienza partecipando ad un'esperienza comune in un piccolo gruppo costituisce un vissuto che può essere, almeno per alcune persone, una fiammella la cui luce, portata nella propria vita di sempre, puo' accendere altre fiammelle di pace, di speranza, di gioia, di consapevolezza, che illuminano il cammino individuale e collettivo.

Nel buio, nell'ignoto, nei periodi in cui non si può fare altro che scalare il Monte Bianco con uno stuzzicadenti (Ernesto Rossi), e questa è la percezione che tante persone hanno attualmente a causa della guerra scoppiata inaspettatamente alle porte dell'Europa proprio nel momento in cui finalmente si cominciava ad uscire dalla morsa della pandemia, e' positivo avere qualche strumento in piu' per non essere solo spettatori passivi ,ma anche attrici, attori, nel grande e continuo Teatro della vita personale e collettiva.

Proporre questi strumenti specifici che ho elaborato durante tanti anni di lavoro, condividere ed elaborare le esperienze comuni che ne scaturiscono, permette anche a me di crescere assieme agli altri e di continuare a dare il mio modesto contributo alla pace e alla speranza di pace.

Zurigo, 30 novembre 2022

RINGRAZIAMENTI

Ringrazio tutte le persone che lavorando con me hanno utilizzato, con impegno e curiosità creativa, sia individualmente sia in gruppo, gli strumenti di terapia teatrale descritti in questo libro, il mio collega Arie Keter, psichiatra, per lo scambio stimolante e incoraggiante durante le nostre intravisioni, i miei fratelli Paolo e Luca per la creazione della copertina ed il layout del libro.

NOTE

* "Quando il merlo canta nella quercia nera, ti saluto padrone è Primavera".

1 - Jerzy Grotowski: (1933-1999) regista , direttore, teorico teatrale, innovativo, polacco, fondatore del Teatr Laboratorium e delle ricerche ed esperienze parateatrali.

2 - Ryszard Cieslak: (1937-1990) attore, figura centrale del Teatr Laboratorium e delle seguenti ricerche ed esperienze parateatrali.

3 - Gaetano Benedetti: (1920-2013) psichiatra, psicoanalista e psicoterapeuta italiano, pioniere nella terapia della psicosi.

4 - Film documentario (2013) dedicato al lavoro artistico del coreografo israeliano Ohad Naharin.

5 - Benedetto Croce "La filosofia di Giambattista Vico" Ed. Bibliopolis pagg. 51, 54, 56, 58.

6 - Pessoa "Perché sognare di sogni non miei? Lettere dal mio altrove" L'Orma Editore 2014.

7 - Alexander Gosztonyi (1925-2011) ricercatore e autore nei campi della matematica, filosofia e psicologia spirituale, terapeuta reincarnazionista e Life Coach.

8 - Vittorio Coletti "Da Monteverdi a Puccini" Ed. Piccola Biblioteca Einaudi 2003, pag. 22.

9 - Mechtild Scheffer "Il Grande Libro dei Fiori di Bach" Ed. Corbaccio.

Indice

Finito di stampare nel mese di Marzo 2023